L'Océan, Étude de Physique Maritime

Revue des Deux Mondes, 15 août 1867

L'OCÉAN

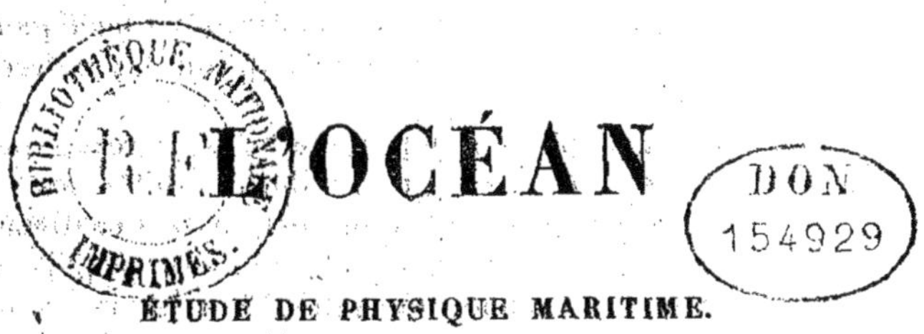

ÉTUDE DE PHYSIQUE MARITIME.

I. *Der Ursprung der Inseln*, von Oscar Peschel, *Ausland*, janv. et fev. 1867. — II. *Sul moto ondoso*, di Alessandro Cialdi, Roma 1866. — III. *On the Composition of sea-water in the different parts of the Ocean*, by George Forchhammer, *Philosophical Transactions*, part. I, 1865. — IV. *Les Courans et les Glaces de la Mer Polaire*, par Charles Grad, 1866. — V. *Mittheilungen von Petermann*, Justus Perthes, Gotha. — VI. *Nautical Magazine*. — *Annales hydrographiques*, etc.

Pour la plupart des hommes, les continens, qui s'étendent à peine sur le quart de la surface planétaire, sont les seules parties de la rondeur du globe dignes d'être connues, et la mer n'est autre chose qu'un sombre chaos sans limite et sans fond. Les savans eux-mêmes sont portés, par une illusion d'optique intellectuelle, à donner aux phénomènes des régions continentales un rôle géographique beaucoup plus grand qu'à ceux des régions océaniques : ainsi nos ancêtres, tout en voyant au-dessus de leurs têtes s'arrondir l'espace infini rempli d'étoiles et de nébuleuses, ne considéraient cette immensité que comme une simple coupole reposant sur le large édifice de la terre. Et pourtant, si l'influence de l'océan dans l'économie générale du globe n'est point relativement étudiée avec le même soin que l'action des rivières qui coulent dans les plaines et des sources qui jaillissent dans les creux des collines, cette influence n'en est pas moins de premier ordre, et c'est d'elle que dépendent tous les phénomènes de la vie planétaire. « L'eau est ce qu'il y a de plus grand! » s'écriait Pindare dès les origines de la civilisation hellénique, et depuis la science nous a révélé que les continens eux-mêmes se sont élaborés au sein des mers, que sans elles le sol, pareil à une surface métallique, ne pourrait donner naissance à aucun organisme. Ainsi que le racontent poétiquement presque toutes les cosmogonies des peuples primitifs, la terre est « fille de l'océan. »

Ce n'est point là simplement un mythe, c'est la réalité même. L'étude des couches terrestres, grès, sables, argiles, calcaires, conglomérats, prouve que les matériaux des masses continentales ont en grande partie séjourné au fond de la mer et qu'ils y ont pris leur forme et leur composition. Même sur les flancs et les sommets des plus hautes montagnes, actuellement soulevées à 5 et 6,000 mètres au-dessus du niveau de l'océan, on trouve les traces de l'antique séjour et de l'action des eaux marines. D'autres terres, aujourd'hui submergées, vont s'élever à leur tour, tandis que, soit par érosion, soit par affaissement, des fragmens des plaines et des montagnes retournent au sein des eaux pour s'y modifier encore. Par cet incessant renouvellement des roches, l'océan crée chaque jour, pour ainsi dire, une terre différente de l'ancienne. Aussi, dans l'esprit du géologue, le fond invisible des mers ne devrait-il pas avoir moins d'importance que la surface émergée des terres : le sol qui nous porte aujourd'hui, nous et nos cités, disparaîtra comme ont déjà disparu totalement ou en partie les continens des époques antérieures, et les espaces inconnus que recouvrent les eaux surgiront à leur tour pour s'étendre à la lumière du soleil en masses continentales, en îles, en péninsules.

Durant la longue période de siècles ou d'âges géologiques pendant laquelle les terres sont baignées, non par les flots marins, mais seulement par les ondes de l'atmosphère, l'océan n'en continue pas moins de modeler la surface du globe par les nuages, les pluies et tous les météores qui prennent naissance à la surface des eaux. Tous ces agens de l'atmosphère qui s'acharnent contre les sommets des monts, qui les ravinent et les abaissent peu à peu, c'est la mer qui les envoie; tous ces glaciers qui polissent les roches et poussent devant eux dans les vallées de puissantes moraines de débris, ce sont les nuages venus de l'océan qui les déposent sous forme de neige dans les névés des montagnes; toutes ces eaux qui pénètrent par les failles dans les profondeurs du sol, qui dissolvent les rochers, percent les grottes, entraînent à la surface les substances minérales et causent parfois de grands éboulemens souterrains, que sont-elles, sinon les vapeurs marines retournant à l'état liquide vers le bassin d'où elles étaient sorties? Enfin les innombrables rivières qui répandent la vie sur tout le globe, et sans lesquelles les continens seraient des espaces arides et complétement inhabitables, ne sont autre chose qu'un système de veines et de veinules rapportant au grand réservoir océanique les eaux déversées sur le sol par le système artériel des nuages et des pluies. C'est donc aux phénomènes de la vie maritime qu'il faut attribuer l'immense travail géologique des fleuves et le rôle si important qu'ils remplissent dans la flore, la faune et l'histoire de l'humanité. Et les climats, aux variations desquels est soumis tout ce qui vit sur la terre, ne dépendent-ils point des mouvemens océaniques bien plus que de la distribution et du relief des continens? Les découvertes futures des géologues et des naturalistes nous diront aussi quelle part revient à la mer dans la production et le développement des germes de vie animale et végétale qui ont atteint leur plus grande beauté à la surface des terres émergées.

D'ailleurs l'océan n'est plus aujourd'hui « l'infranchissable abîme, » et l'homme peut l'explorer dans presque toute son étendue. Plus de deux cent mille navires parcourent les eaux entre les rivages des continens et des îles; plus de deux millions de marins ont fait leur patrie des vagues redoutées, et leur vie presque tout entière se passe loin des côtes, sur de frêles embarcations qu balance le flot, que secoue la tempête. Les traversées maritimes deviennent de plus en plus fréquentes, et c'est maintenant par centaines de mille que l'on compte le nombre des voyageurs qui se déplacent chaque année de l'un à l'autre bord de l'Atlantique. Les rivages de la mer se peuplent rapidement, les grands travaux hydrauliques se multiplient, on abat des collines pour les jeter en brise-lames à l'entrée des baies de refuge, on construit des digues en pleine mer pour faire des ports artificiels, on transforme en campagnes parsemées de villages de vastes estuaires dont le fond garde encore les débris de bien des navires naufragés. L'homme se hasarde même à prendre possession du lit de l'océan, puisqu'il y déroule les fils qui dans l'espace de quelques instans portent sa pensée d'un monde à l'autre. Ces grands travaux et tous ceux que l'on prépare rattachent de plus en plus le gouffre immense de la mer au domaine de l'humanité. Que serait-ce donc si chaque navire devenait un observatoire flottant, ainsi que le demandait l'illustre Américain Maury, cet homme qui fut si grand lorsqu'il était servi dans ses tentatives par la puissante république dont il a cessé d'être le citoyen? Dès que cette pensée aura reçu une exécution générale, dès que les milliers d'observations recueillies chaque jour en mer seront classées régulièrement, la surface de l'océan sera beaucoup mieux connue que ne l'est celle des terres elles-mêmes, et l'on pourra déterminer rigoureusement les lois qui président à tous les mouvemens des eaux marines. Déjà, grâce à l'initiative de Maury et aux recherches des navigateurs et des savans qui sont entrés dans la voie si brillamment ouverte, la connaissance des choses de la mer s'est très rapidement accrue dans les dernières années, et le champ de notre vue s'étend chaque jour, pour ainsi dire, dans les abîmes jadis si mystérieux du profond océan. Dans l'étude qui va suivre, nous résumerons d'une manière générale l'état de nos connaissances sur les questions de physique et de géographie maritimes encore discutées par les savans. Il importe de nous rendre compte des recherches les plus récentes faites à cet égard, car la science de la mer est encore bien loin d'être établie.

I.

Si ce n'est vers les deux pôles, où des espaces considérables comprenant ensemble à peu près la seizième partie de la rondeur du globe restent encore inconnus, la surface des mers est assez rigoureusement délimitée sur les cartes; les corrections faites en divers points des côtes par les marins et les astronomes n'en peuvent modifier que très faiblement le tracé. Toutefois, si la largeur des mers est mesurée, la profondeur des bassins océaniques n'est connue d'une manière certaine que pour des zones peu étendues. Hors des mers fermées, des golfes et des estuaires, les navires voguent presque partout sur des gouffres insondés.

Un fait est certain, c'est que le relief du sol sous-marin n'offre point d'inégalités aussi grandes que celles des terres émergées. En général il s'étend en surfaces aux longues ondulations et aux pentes douces. Les matelots que le vent ou la vapeur emporte rapidement sur les eaux et qui jettent le plomb de sonde à des distances d'ordinaire assez éloignées les unes des autres sont tentés de s'exagérer l'importance des inégalités du fond et de voir des « sauts » et des précipices là où la déclivité du sol est en réalité peu considérable. On peut se faire une idée des étendues sous-marines à la vue des contrées émergées à une époque relativement récente. Les landes françaises, les terres basses qui ont remplacé l'ancien golfe du Poitou, une grande partie du Sahara, les pampas de la Plata, fournissent des exemples remarquables de la régularité d'inclinaison qu'offre en général le fond des mers. Même les côtes rocheuses, comme celles de l'Écosse et de la Scandinavie, ont été partiellement nivelées sur le pourtour du littoral que recouvraient jadis les eaux de l'Atlantique. L'apport incessant des alluvions fluviales, les débris des rocs érodés par les flots et surtout les restes de ces organismes pullulans qui remplissent la mer ont pour inévitable résultat d'égaliser le fond des océans et d'en transformer les abîmes en dépressions doucement inclinées. Ces chaînes de montagnes fantastiques dessinées sous les eaux de la mer par Buache et d'autres géographes ne peuvent donc avoir d'existence réelle, puisque les agens géologiques à l'œuvre dans l'océan diffèrent de ceux qui travaillent sur nos continens à sculpter les plateaux et les montagnes. Des escarpemens pareils à ceux qu'offre en si grand nombre le relief de la surface continentale sont tout à fait exceptionnels en pleine mer : aussi l'amiral Fitz-Roy fut grandement surpris de trouver dans le voisinage des Abrolhos des pentes sous-marines assez rapides pour que la sonde jetée d'un côté du navire indiquât de 8 à 10 mètres de profondeur, tandis que de l'autre côté elle marquait de 30 à 40 mètres. Parfois une cause spéciale explique ces changemens brusques de niveau. Ainsi M. de Villeneuve-Flayosc a constaté que dans le golfe de Cannes une importante source d'eau douce jaillit du fond d'un gouffre dont les parois ont 27 degrés d'inclinaison. En d'autres parages, des courans sous-marins passant avec vitesse sur le fond même de l'océan peuvent empêcher le dépôt des alluvions organiques et maintenir constamment le lit dans sa rugosité primitive : dans la partie la plus creuse de la mer qui sépare la Grande-Bretagne de l'Islande, le docteur Wallich a retiré d'une profondeur de 1,128 mètres un gros fragment de quartz détaché du roc vif et plusieurs morceaux de basalte.

La profondeur moyenne de l'océan a été, comme le relief sous-marin, l'objet des recherches de nombre de mathématiciens et de géographes qui ont essayé jadis de la déterminer en s'appuyant sur des considérations théoriques. Buffon, qui ne cite point l'auteur italien auquel il avait emprunté ses calculs, donnait à tort à l'ensemble des mers une épaisseur d'eau d'un quart de mille, soit de 230 toises (449 mètres). Quant à Laplace, évaluant par erreur l'élévation moyenne des terres à 1,000 mètres, c'est-à-dire à trois fois la hauteur déterminée aujourd'hui d'une manière approximative, il pensait que la couche d'eau marine devait être aussi d'environ 1,000 mètres. Il est inutile de s'arrêter désormais à ces hypothèses, car c'est par l'observation directe, c'est par des sondages répétés que l'on commence à se rendre compte de la véritable profondeur des eaux. Malheureusement les sondes que les marins ont à leur disposition sont encore des instrumens imparfaits, et, plongées dans les profonds abîmes que parcourent des courans et des contre-courans cachés, elles ne peuvent donner de résultats d'une rigoureuse exactitude. Dans les parages où les profondeurs sont de plusieurs centaines ou même de plusieurs milliers de mètres, on ne peut se hasarder à jeter la sonde, si l'atmosphère et les vagues ne

sont d'une tranquillité exceptionnelle, et même alors la ténuité de
la corde, le poids des appareils, l'énorme pression qu'ils supportent
à mesure qu'ils descendent et qui croît d'une *atmosphère* pour
10 mètres d'enfoncement, enfin les longues heures qu'il faut em-
ployer à cette délicate opération, mettent toujours en danger le
succès final : tant qu'on n'aura pas découvert d'autres engins d'un
emploi plus facile, plus rapide et plus sûr, les mesures *bathymétriques* seront toujours bien espacées, et l'on ne pourra dresser la
carte du relief sous-marin comme on dresse aujourd'hui pour les
diverses contrées du monde celles du relief continental. D'ailleurs
il est bien rare que dans les mers très profondes les navigateurs
opèrent des sondages pour la joie purement scientifique d'explorer les gouffres de l'océan. C'est uniquement pour les besoins de
la navigation, du commerce et de l'industrie que l'on a procédé à
l'étude systématique des profondeurs marines, soit dans les golfes
et les estuaires remplis de bas-fonds, soit dans le voisinage des
côtes et des *vigies* signalées sur d'anciennes cartes, ou bien dans
les bras de mer au fond desquels doivent être tendus les fils télé-
graphiques.

Actuellement le lit de la Baltique, de la Mer du Nord, de la
Manche et tous les fonds du grand plateau sous-marin qui sert
de piédestal aux îles britanniques sont les seules parties de l'Atlantique connues d'une manière à peu près complète. La Manche
surtout, cet étroit canal où cent mille navires se croisent chaque
année, a été explorée avec soin, et l'on en dresse des cartes plus ri-
ches en détails que celles de bien des pays où se pressent de nombreuses populations. Il est vrai que les profondeurs de ce détroit
sont relativement très faibles, et que les opérations de sondage s'y
exécutent sans la moindre difficulté. Pour se faire une idée vraie de
la faible dépression qu'offre le lit de la Manche, on peut s'imaginer
un plan en creux de cette mer exécuté à l'échelle de 1 mètre par
kilomètre dans une prairie parfaitement horizontale. La flaque d'eau
qui remplirait le bassin n'aurait pas moins de 500 mètres de long,
et, suivant la disposition des côtes, de 33 à 220 mètres de large;
cependant, en dépit de cette grande surface, la profondeur de la
mare serait de 5 centimètres seulement dans la partie la plus basse
du canal : une souris passerait à gué cette mer en miniature.

Au sortir de la Manche, les points du lit océanique explorés par
les sondages sont de plus en plus espacés dans la direction de
l'ouest, puis deviennent tout à fait rares. Enfin à plusieurs cen-
aines de kilomètres en mer, là où la terrasse sous-marine qui porte
le continent d'Europe cesse brusquement et où la pente du fond, in-
clinée d'environ 8 degrés, s'abaisse graduellement de 200 mètres

jusqu'à 3 et 4,000 mètres au-dessous des vagues, c'est à des intervalles de quelques dizaines de milles seulement qu'ont été opérés les sondages. Les points de repère qui ont servi à dresser la carte du « plateau télégraphique » et des autres parties de l'Atlantique boréal sont relativement très peu nombreux ; néanmoins les dépressions recouvertes par les eaux offrant en général de très douces ondulations, on peut voir dans cette carte la représentation du relief vrai des profondeurs océaniques. La partie la plus creuse de l'Atlantique du nord est située entre les Açores, Terre-Neuve et les Bermudes. Le point le plus bas qu'on ait observé se trouve au sud-est du banc de Terre-Neuve : la corde de sonde y a mesuré des couches liquides de plus de 8,000 mètres d'épaisseur.

C'est également par des sondages faits à de grandes distances les uns des autres que l'on a pu obtenir des cartes figurant d'une manière approximative le fond de la mer des Antilles et des deux bassins de la Méditerranée à l'est et à l'ouest de la Sicile. Dans l'état actuel de la science, il serait impossible d'en faire autant pour l'Atlantique méridional, où les explorations bathymétriques manquent presque complétement ; il paraît même que les sondages de 13,800 et de 15,000 mètres exécutés dans cette partie de l'océan par le capitaine anglais Denham et par le lieutenant américain Parker doivent être provisoirement écartés, parce que ces marins n'avaient pas tenu compte de la dérivation que les courans et les contre-courans font subir à la corde de sonde. Dans l'ignorance où l'on se trouve relativement à l'épaisseur de la couche liquide dans les divers parages de cet océan, des mathématiciens ont du moins essayé de calculer la profondeur moyenne de tout le bassin par la vitesse de translation des vagues de marée. D'après leurs évaluations, le fond de l'Atlantique austral, beaucoup plus creusé que celui de l'Atlantique boréal, serait à 9 kilomètres environ au-dessous de la surface ; toutefois ce calcul repose sur l'hypothèse bien contestée que les marées, au lieu de se former d'une manière distincte dans chaque bassin de l'océan, prennent leur origine commune dans la grande mer polaire du sud, et se déroulent vers le nord comme une vague immense dans la double vallée de l'Atlantique.

Quant à la partie de l'Océan-Pacifique comprise entre le Japon et les côtes de la Californie, ce n'est point par la vitesse de propagation des marées, mais par celle des vagues d'ébranlement que l'on a pu en évaluer approximativement la profondeur moyenne. Lors du terrible tremblement de terre du 23 décembre 1854, qui détruisit en grande partie plusieurs villes japonaises, entre autres Yeddo et Simoda, les vibrations de la surface marine traversèrent en 12 heures et quelques minutes un espace océanique de 11,000 kilo-

mètres, et le professeur Franklin Bache, dont la science déplore la
perte récente, put calculer en conséquence la vitesse des ondes et
la surface de l'océan à travers lequel elles s'étaient propagées;
cette profondeur est en moyenne de 4,285 mètres. D'ailleurs les
divers sondages authentiques exécutés dans le bassin septentrional
du Pacifique, entre la Californie et les îles Sandwich, confirment
ce résultat du calcul, puisqu'ils indiquent des fonds variant de 3,600
à 4,700 mètres. Non loin de la côte de la Californie, le sondage le
plus profond qui ait encore apporté des échantillons de sol sous-
marin a marqué 4,940 mètres. A l'est des Philippines, un autre
sondage isolé donne 5,975 mètres; enfin, entre le Pacifique et la
mer des Indes, le capitaine Ringgold aurait, dit-on, trouvé le fond
à plus de 14 kilomètres au-dessous de la surface. Ainsi l'on pourrait jeter dans cet abîme de la mer non seulement le Pélion sur
l'Ossa, mais aussi le Gaourisankar, la plus haute montagne du globe,
et si l'on dressait encore sur ce pic le Mont-Blanc, le sommet de
ce colosse du continent d'Europe n'atteindrait même pas la surface
des flots. Quoi qu'il en soit, toutes les opérations de sondage isolées ou en chaîne que l'on a déjà faites dans l'Atlantique et le Pacifique aussi bien que dans l'océan des Indes, dans les mers du
pôle sud et dans les détroits arctiques, permettent d'affirmer que
la profondeur moyenne des eaux marines est comprise entre 4 et
7 kilomètres. D'après Herschel, dont l'évaluation est probablement
trop forte, l'épaisseur de la couche liquide, en supposant qu'elle
fût partout la même dans les bassins océaniques, serait de 4 milles
anglais, plus de 6,400 mètres, et par suite le volume total des
eaux serait de 3,270,000 milliards de tonnes. Il nous semble que
ces nombres devraient être réduits de plus d'un tiers; mais on ne
saurait se prononcer encore avec certitude. Les nouvelles observations qui s'ajoutent chaque année à toutes celles que la science
possède déjà permettront bientôt sans aucun doute d'indiquer des
chiffres plus précis pour la profondeur des gouffres marins et la
masse liquide qui les emplit.

Un autre problème hydrologique, celui de la vraie composition
de l'eau de mer, est plus facile; et on peut le considérer comme à
peu près résolu depuis les longues et patientes recherches compa-
ratives que Forchhammer a faites à cet égard. D'après le savant
danois, la quantité moyenne de tous les sels contenus dans la mer,
ou, si l'on veut, la *salinité* des eaux marines, évaluée autrefois par
de Bibra et Bischof à 35,27 parties sur mille, est plus exactement
de 34,40. D'ailleurs chaque mer présente une salinité spéciale suivant la quantité des substances dissoutes, le taux de l'évaporation,
les apports d'eau douce ou d'eau plus salée, la direction des cou-

rans et des contre-courans, l'éloignement ou la proximité des glaces polaires. Ainsi la salinité moyenne de la Baltique, mer peu profonde où viennent affluer tant de rivières, ne s'élève pas tout à fait à 5 millièmes, tandis que la Mer-Rouge, dans laquelle il ne se jette pas un seul cours d'eau permanent et où l'évaporation est très considérable, présente l'énorme salinité de 43 millièmes. Ces différences et la plupart de celles qui ont été observées entre les eaux des divers bassins maritimes sont faciles à expliquer, cependant on ne comprend pas bien pourquoi la Mer du Sud et l'océan des Indes contiennent dans leurs eaux une proportion de matières salines inférieures d'un millième environ à celle de l'Atlantique : celui-ci reçoit en effet une plus grande abondance d'eau douce que tous les autres océans, et l'évaporation n'y est pas aussi active que dans l'immense chaudière de la mer des Indes. C'est peut-être à la l'énorme quantité de glaces charriées par les courans entre l'Afrique et l'Australie qu'il faut attribuer cette anomalie apparente dans la salinité des eaux.

Le sel commun ou *chlorure de sodium* constitue à lui seul les trois quarts de toutes les matières salines contenues dans la mer. C'est là le sel vraiment caractéristique de l'océan, celui qui a le plus d'importance dans l'histoire de la terre par les immenses assises qu'il a déposées dans les terrains géologiques, par les lagunes et les marais salans qu'il remplit encore de nos jours. Outre le sel commun, plusieurs autres substances, toujours mélangées dans les mêmes proportions relatives, font partie de la composition normale des eaux de mer. Actuellement les divers corps simples que la science a pu reconnaître dans l'océan, soit par l'analyse des sels, soit indirectement par celle des plantes qui tirent toute leur nourriture de l'eau marine, sont au nombre de vingt-huit; mais il n'est pas douteux que tous les autres corps se trouvent également dans l'eau de mer, et nombre d'entre eux n'échapperont point au regard perçant des chimistes. Après l'oxygène et l'hydrogène, qui constituent la masse liquide elle-même, les principaux élémens contenus dans la mer sont le chlore, l'azote, le carbone, le brome, l'iode, le fluor, le soufre, le phosphore, le silicium, le sodium, le potassium, le bore, l'aluminium, le magnésium, le calcium, le strontium, la baryte. Le fucus ordinaire et les autres varechs renferment la plupart de ces substances ainsi que plusieurs métaux. On a découvert du cuivre, du plomb, du zinc, dans les cendres du *fucus vesiculosus*, du cobalt, du nickel, du manganèse, dans celles de la *zostera marina*. Le fer peut être obtenu directement par l'analyse de l'eau de mer; enfin l'argent se trouve dans un zoophyte, le *pocillopora*. Forchhammer a retiré d'une branche de ce corail environ un trois-

millionième d'argent mêlé à six fois la même quantité de cuivre et
à huit fois la même quantité de plomb. Une faible proportion d'argent se précipite sur la carène des navires par suite du courant
magnétique établi entre le doublage de cuivre et l'eau de mer en-
vironnante. Enfin, dans des chaudières de bateaux à vapeur qu'on
avait alimentées d'eau de mer, il s'est trouvé de l'arsenic. Il est vrai
que ces diverses substances n'existent dans l'eau qu'en proportion
infinitésimale, et c'est uniquement par des moyens indirects que la
chimie parvient à les révéler.

Le sel, cet élément si important dans la composition de l'eau de
mer, jouerait-il aussi, comme le pense Maury, le principal rôle dans
la coloration bleue de l'océan? Le *gulfstream* des côtes américaines,
que le savant géographe cite en exemple pour appuyer sa théorie,
est bien à la fois d'une salinité plus forte et d'un bleu plus foncé
que les eaux environnantes. De même la Méditerranée, supérieure
à l'Atlantique par sa richesse en ingrédiens salins, offre presque
toujours une nappe d'un magnifique azur à laquelle ceux qui ont
vu les flots d'un vert glauque des mers septentrionales peuvent à
peine habituer leurs yeux. Toutefois la minime différence de salure
qui existe entre la Méditerranée et l'Océan ne saurait expliquer un
contraste de coloration aussi frappant, d'autant moins que nombre
de lacs intérieurs, où l'analyse ne découvre pas une particule de sel,
ont des eaux d'un bleu semblable à celui du golfe de Gênes ou de
la grotte de Capri. D'un autre côté, Tyndall se croit autorisé à con-
clure des observations qu'il a faites sur les lacs de la Suisse que
les diverses nuances de l'eau sont dues principalement à la quantité plus ou moins grande de corpuscules en suspension sur lesquels vient frapper la lumière. C'est là une hypothèse que des
recherches futures auront à confirmer ou à détruire; quoi qu'il
en soit, les navigateurs ont constaté d'une manière générale que
les mers de la zone torride sont celles qui offrent le bleu le plus in-
tense, et que dans la direction des pôles l'eau prend graduellement
une teinte verdâtre. On peut en inférer que la réfraction des rayons
lumineux, beaucoup plus vifs sous les latitudes tropicales, est le
principal agent dans la coloration de la mer. La lumière qui se
brise en pénétrant dans les profondeurs de l'eau lui donne cette
belle couleur bleue, supérieure en éclat à celle de l'atmosphère,
tandis que les rayons reflétés à la surface varient incessamment
l'aspect des flots, et mêlent à l'azur permanent de la mer les
nuances les plus délicates, modifiées à chaque instant suivant la
hauteur du soleil, la pureté de l'air, la forme et la couleur des
nuages.

Quant à la transparence des couches liquides, elle ne semble point dépendre, comme le bleu de l'océan, de l'intensité de la lumière, car dans les mers arctiques on discerne les objets flottans à des profondeurs aussi grandes que dans la mer des Antilles, et c'est même sous les latitudes polaires que le regard de l'homme aurait pu sonder jusqu'à la plus grande distance au-dessous de la surface : en effet, d'après Scoresby, le consciencieux explorateur de l'océan polaire, le fond des eaux pures de ces régions serait encore parfois visible à 130 mètres. Il est vrai que, par suite de la différence des climats et des organismes qui en dépendent, les espaces sous-marins sont dans la zone tropicale bien autrement curieux à contempler que dans le voisinage des pôles. Rien de plus agréable que de voguer sur une de ces tièdes mers où, tout en voyageant sans crainte des écueils, l'on ne cesse de voir le lit marin se dérouler au loin sous la proue du navire. Les nombreuses algues vertes ou roses ondulent gracieusement sous le flot comme les herbes d'un ruisseau, les coquillages rampent sur le fond, les poissons, les étoiles de mer aux couleurs éclatantes, une foule d'animaux aux formes étranges glissent lentement ou s'élancent comme des flèches à travers l'eau bleue; les némertes et autres rubans animés y déploient mollement leurs anneaux transparens; on pourrait se croire suspendu au-dessus d'une autre terre et flottant dans un navire aérien. L'écume blanche des vagues que soulève la proue du vaisseau et les couleurs irisées qui brillent sur les gouttelettes éparses ajoutent encore au charme de ce merveilleux tableau.

Parmi les diverses questions relatives à la physique de la mer, celle de la température dans les couches profondes sera certainement l'une des plus difficiles à résoudre, car les observations faites jusqu'ici par les navigateurs ne concordent pas entre elles, et peuvent en conséquence servir de points d'appui aux théories les plus contradictoires. On a pu constater sans peine que la nappe superficielle de l'océan offre à peu près le même degré de chaleur moyenne que l'atmosphère surincombante, et que du point de congélation sous les pôles la température des eaux s'élève assez régulièrement à 20 et à 25 degrés sous les tropiques, même à 30 degrés près des îles Gallapagos et jusqu'à plus de 32 degrés dans la Mer-Rouge et l'Océan indien; mais quant à la croissance ou à la décroissance dans le sens vertical il serait téméraire, vu la rareté des sondages précis, d'adopter l'une ou l'autre des hypothèses émises à cet égard par les physiciens.

James Ross, l'un des premiers, crut avoir découvert cette loi des températures sous-marines. D'après cet illustre navigateur, les couches liquides des mers équatoriales se refroidissent graduellement jusqu'à 2,200 mètres, profondeur à laquelle le thermomètre indique seulement 4 degrés centigrades. A mesure qu'on s'éloigne de l'équateur, la nappe superficielle perd de sa chaleur, la limite de 4 degrés se relève vers la surface, et dans le voisinage du cercle polaire elle finit par atteindre le niveau de l'océan. Au-delà et en se rapprochant de l'un ou l'autre pôle, les eaux supérieures continuent d'être de plus en plus froides; en revanche la température s'accroît dans le sens vertical, et la couche des eaux à 4 degrés s'abaisse peu à peu jusqu'à une profondeur de 1,400 mètres. Admettant avec les physiciens de son temps que l'eau de mer a sa plus grande densité et par conséquent son plus grand poids relatif à 4 degrés au-dessus du point de congélation, James Ross en concluait que toutes les eaux profondes reposant sur le lit de la mer ont uniformément cette même température de 4 degrés, et se sont enfoncées en vertu de leur poids au-dessous de toutes les autres couches, plus chaudes ou plus froides.

Toutefois Neumann et d'autres savans ont établi que, si la plus forte densité de l'eau douce correspond en effet à 4 degrés centigrades, l'eau de mer n'atteint ce maximum de poids qu'à moins de 2 degrés au-dessous du point de glace, et par cela même la théorie que Ross avait imaginée sur la foi de sondages insuffisans se trouve complétement renversée. Les expériences faites dans les petits laboratoires de chimie, où les substances sont traitées en faibles quantités, ne sauraient, il est vrai, donner une idée parfaitement exacte des phénomènes qui ont pour théâtre la nature elle-même, et qui s'accomplissent soit dans les espaces de l'air, soit dans les grands bassins océaniques. Il est donc fort possible, ainsi que le célèbre météorologiste Mühry l'a prétendu dans un récent travail, que l'eau salée contenue dans un baquet et les flots de la mer immense n'obéissent pas absolument aux mêmes lois de température et de densité; mais en attendant que la différence soit constatée, rien n'autorise à maintenir quand même et contre toutes les expériences des chimistes une théorie surannée d'après laquelle les masses salées de la mer offriraient en se refroidissant des phénomènes identiques à ceux des lacs d'eau douce. D'ailleurs, dans les dernières années, de nombreux observateurs des mers polaires ont trouvé à de grandes profondeurs au-dessous de la surface des couches liquides dont la température était inférieure à 4 degrés (1), et tout récemment le professeur Edlund de Sockholm a constaté que dans la mer Baltique et sur les côtes occidentales de la Norvége la glace se forme d'ordinaire au fond, où les eaux sont à la fois plus froides et plus lourdes. Ce sont là des des faits décisifs

(1) Fitz-Roy, *Weather-book.*

contre l'hypothèse, bien séduisante par sa simplicité, qu'avait émise le célèbre explorateur des mers antarctiques.

II.

Pour la plupart de ceux qui ont vu l'Océan, le souvenir du grand spectacle qu'ils ont contemplé se confond dans leur mémoire avec le murmure lointain des vagues qui se pourchassent et se brisent. Ils se rappellent surtout le mouvement incessant des eaux, qui au large bouillonnent en un désordre apparent, puis se redressent et s'alignent peu à peu en approchant des rives, et, recourbant leurs puissantes volutes, s'écroulent de tout leur poids pour glisser en longues nappes écumeuses sur les plages unies, ou pour mener et ramener avec un bruit de fer les cailloux entre-choqués des grèves. Dans les parties de l'Océan qui baignent l'Europe occidentale, il est bien rare en effet que la surface marine soit complétement calme. C'est presque uniquement dans la Méditerranée et les autres bassins intérieurs à marées indistinctes que, pendant les beaux jours, la nappe des eaux semble devenue complétement immobile, et que les objets flottans s'y mirent comme dans un lac : alors la mer brille au loin comme une large bande d'argent ou d'acier, des mirages fugitifs apparaissent à l'horizon, « l'eau se regarde, » disent les pêcheurs; mais ce n'est là qu'un état passager. Bientôt, sous l'impulsion du vent ou sous la pression latérale de lames qu'ont soulevées des tempêtes éloignées, la surface de la mer se hérisse de nouveau, les « mille voix » des flots dont parlent les chants homériques reprennent leur concert immense, les vagues se déroulent régulièrement ou bien se heurtent et s'entre-croisent par suite des variations de l'atmosphère. Même pendant les calmes, les plis soulevés par les vents antérieurs continuent de se développer à travers l'Océan en longues ondulations. C'est l'un des spectacles les plus grandioses de la mer que ces renflemens de l'onde se succédant en ordre sous un air parfaitement paisible, alors que pas un souffle n'agite les voiles des navires. Hautes, bleues et sans écume, les masses puissantes se suivent à 2 ou 300 mètres d'intervalle, passent en silence sous les embarcations qu'elles soulèvent, et, pourchassées par d'autres ondes, vont se perdre au loin dans l'espace indistinct. On contemple avec admiration et même avec une sorte de terreur ces flots majestueux et tranquilles, remparts mouvans qui semblent devoir tout engloutir sur leur passage et qui dérangent à peine le moindre fétu. Ils présentent surtout une étonnante régularité sous le tropique du Cancer pendant les calmes d'automne, et presque

en toute saison dans la partie de la mer des Antilles qui se rétrécit
vers le golfe d'Uraba : là, les gonflemens de l'onde que l'on voit
accourir, puis se profiler à droite et à gauche et s'éloigner rapidement, sont aussi droits que les ados d'un champ et se prolongent
jusqu'à perte de vue de l'un à l'autre horizon.

La hauteur des vagues n'est point la même dans toutes les mers;
elle est d'autant plus considérable que le bassin est plus profond,
que la surface en est plus librement parcourue des vents, et que
l'eau, moins salée et par conséquent moins pesante, donne plus de
prise aux courans atmosphériques. Ainsi, à égalité de surface, les
eaux du Lac-Supérieur sont soulevées en vagues plus hautes que
celles d'un golfe de la mer barré du côté du large par des îles et
des bancs de sable. A égalité de salure, ce sont les bassins les plus
étroits qui doivent présenter les vagues les plus courtes et les moins
hautes. Les flots de la Caspienne ne sont point comparables à ceux
de la Méditerranée, qui de leur côté sont de beaucoup dépassés en
hauteur par ceux de l'Atlantique du nord, et ceux-ci à leur tour
n'atteignent point à la hauteur des vagues de la mer antarctique,
car celle-ci est l'océan par excellence recouvrant de ses eaux tout
un hémisphère.

D'après l'amiral Smyth, qui connaissait si bien la Méditerranée,
les vagues de tempête y ont de 4 à 5 mètres et même 5 mètres et
demi de hauteur verticale au-dessus du creux de l'eau; il a vu des
ondes tout à fait exceptionnelles se dresser à 9 mètres de hauteur;
mais les vagues moyennes soulevées par les grands vents ont seulement de 3 à 4 mètres. Dans une traversée que le célèbre marin
Scoresby fit en 1847 de Liverpool à Boston, il mesura des vagues
atteignant 8 et 9 mètres, et la moyenne de toutes ses observations
donna pour les grandes lames la hauteur de 5^{m}80. A son retour, en
1848, il trouva une moyenne de 9^{m}14 pour toutes les vagues me-
surées, et quelques-unes d'entre elles s'élevèrent à 13^{m}10 au-
dessus de l'intervalle le plus profond. D'autres navigateurs donnent
des évaluations analogues pour les hautes crêtes des flots dans l'Atlantique du nord; quant à la moyenne d'élévation à laquelle atteignent les lames, elle est beaucoup moins considérable.

Dans l'Atlantique du sud, les hauteurs des ondes sont certainement plus fortes que dans les parages du nord. Un grand nombre
de marins ont vu l'eau se relever à 15, 16 et 18 mètres au large
du cap de Bonne-Espérance, là où l'Atlantique et l'océan des Indes
confondent leurs bassins. Dumont d'Urville affirmait même avoir
rencontré des vagues de 33 mètres de hauteur au fond desquelles
le navire descendait comme dans une vallée, et M. Fleuriot de
Langle atteste la vérité de cette assertion : ce sont bien là les mon-

tagnes dont parlent les poètes, et qui semblent telles en effet à ceux qui sont à leur merci. Chose remarquable, ce n'est point toujours pendant les tempêtes les plus violentes que se forment les plus hautes lames. Alors au contraire les masses aériennes, se précipitant obliquement sur les vagues, les dépriment et les écrasent en quelque façon. Pour que les ondes puissent se développer dans toute leur majesté, il faut que le vent soit à la fois très fort, très régulier, et qu'il souffle pendant longtemps du même point de l'horizon.

Quant à l'amplitude des vagues, c'est-à-dire à la largeur totale de base à base, tous les observateurs n'ont point obtenu les mêmes résultats; mais parmi eux il en est peu qui aient trouvé pour la vague une hauteur verticale inférieure au vingtième de la largeur ou supérieure au dixième : en moyenne, le plissement de l'eau ne présente en hauteur que le quinzième de la base; une vague d'un mètre a 15 mètres de vallée à vallée; une vague de 10 mètres a 150 mètres d'amplitude. C'est là une proportion bien plus faible que ne le croirait le marin perdu au milieu des lames qu'il voit se dresser de toutes parts à la surface de la mer. D'ailleurs l'inclinaison des eaux soulevées varie avec la force du vent et les mouvemens des ondes secondaires qui croisent les lames principales.

Les physiciens ont beaucoup agité la question du mouvement des vagues dans le sens vertical. A quelle profondeur dans les abîmes de la mer pénètre l'action de l'onde superficielle, à combien de mètres peut-elle remuer le sable et les débris des bas-fonds? On admettait autrefois comme un fait certain, mais sans le prouver, que l'agitation de la mer cesse de se faire sentir à 8 ou 10 mètres au-dessous de la surface. Les observations faites directement par les marins en un grand nombre de parages ont montré que cette opinion est complétement erronée. Fréquemment les navigateurs ont vu les vagues se briser sur des écueils cachés à 20, 30 et même 50 mètres de profondeur, ce qui prouve que ces écueils étaient pour elles un obstacle et barraient brusquement la marche à la base de l'onde. Bien plus fréquemment encore on a vu, soit pendant les violentes tempêtes, soit même plus tard, l'eau toute chargée de l'argile ou de la vase qu'elle avait soulevée des bas-fonds à 100, à 150 et même à 200 mètres au-dessous du niveau marin. Enfin les expériences directes de Weber sur les mouvemens des ondes ont prouvé que chaque vague propage son action dans le sens vertical jusqu'à 350 fois sa hauteur. Ainsi tout flot de 30 centimètres seulement remue le lit de la Mer du Nord, dont les fosses les plus profondes sont environ 100 mètres; toute lame océanique de 10 mètres se fait sentir à 3 kilomètres 1/2 au-dessous de la surface. Il est vrai que dans ces abîmes l'action du flot est pour ainsi dire tout idéale, car au-dessous de la surface elle décroît en proportion géométrique; mais à 50 ou 100 mètres seulement les vagues sous-marines conservent encore une grande force, et l'on comprend que, lorsque des milliers et des millions d'entre elles sont arrêtées brusquement dans les anfractuosités des roches et sur les versans rapides des hauts-fonds, il doive se produire de violens remous qui reviennent ensuite en « lames sourdes » à la surface de l'eau. De là ces mers houleuses que les navires rencontrent parfois par un temps calme et surtout dans le voisinage des bancs sous-marins; de là ces « lames de fond » qui, tout à fait inattendues, gonflent soudain la nappe des eaux et mettent les bâtimens en danger; de là ces marées formidables qui jaillissent des profondeurs de l'océan et remontent brusquement la pente des rivages en détruisant tout ce qu'elles rencontrent sur leur chemin.

C'est aux assauts de ces vagues profondes que sont probablement dues en grande partie les brèches que creuse la mer dans les falaises des côtes et dans les remparts de défense élevés par les hommes. Les annales des ports nous offrent en foule des exemples de la force terrible que peuvent déployer les eaux projetées contre le rivage. Sur tous les ouvrages avancés que vient heurter la lame franche du large, à Portland, à Holyhead, à Kingston, à Cherbourg, à Biarritz, à Livourne, on a vu les vagues saisir des matériaux du poids de plusieurs tonnes et les lancer comme des jouets par-dessus les digues. A Barra-head, dans les Hébrides, Thomas Stephenson a constaté qu'un bloc de pierre de 43 tonnes avait été déplacé de plus de 1 mètre 1/2 par les brisans de tempête. A l'île de la Réunion, un bloc de pierre madréporique n'ayant pas moins de 390 mètres cubes a été détaché du récif et poussé par les flots dans la campagne comme une simple épave. Il est vrai que la pression de l'eau projetée contre la rive peut s'élever, ainsi que Stephenson l'a mesuré, à plus de 30 tonnes par mètre carré, soit à plus de 3 kilogrammes par centimètre. En outre les masses liquides qui se gonflent en une seule lame sont parfois de dimensions énormes. Les trombes d'eau qui dans les grandes tempêtes enveloppent en entier le phare d'Eddystone, et s'élancent jusqu'à 25 mètres au-dessus du fanal, ont au moins de 2 à 3,000 mètres cubes et pèsent autant qu'un puissant navire à trois ponts.

Cependant ces flots toujours agités ne donnent lieu qu'à de bien faibles déplacemens de la masse des eaux, puisque, en dépit de la vitesse apparente avec laquelle ils se propagent, ils ne sont autre chose qu'une oscillation de la surface marine analogue aux mouvemens d'une étoffe soulevée par le vent. Les petits courans de dérive produits dans un sens ou dans un autre par la marche des

vagues sont de peu d'importance en comparaison de ces grands
fleuves d'eau salée ayant des milliers de kilomètres en largeur, des
centaines de mètres en profondeur, et coulant régulièrement de
l'équateur au pôle ou du pôle à l'équateur à travers les bassins
océaniques. De tout temps, les peuples navigateurs ont observé au
large de leurs côtes la marche égale et continue de ces puissantes
masses d'eau qui se portent toujours dans une même direction
comme si elles allaient se déverser au fond de quelque gouffre; nos
ancêtres nous ont même transmis de siècle en siècle leurs connaissances à cet égard sous forme de légendes qui parlent d'écueils
enchantés attirant les vaisseaux pour les rompre ou de monstres en-
traînant la mer dans leur sillage. Toutefois il était impossible de
se faire une idée générale du circuit des eaux tant que l'océan n'a-
vait pas été parcouru dans la plus grande partie de son étendue :
c'est aux savans du XIXe siècle, appuyés sur les observations recueillies, qu'il était réservé de donner enfin la théorie des courans
et de tracer sur la carte la direction approximative des remous
qui tournent incessamment dans chaque mer pour y mélanger les
masses liquides de toutes les régions de l'océan.

L'existence de ces grands tourbillons maritimes qui travaillent
sans cesse à égaliser d'un pôle à l'autre pôle le niveau, la température et la salinité des eaux est un fait désormais incontestable;
mais quand il s'agit de préciser les détails, d'évaluer l'importance
de ces fleuves de la mer, de marquer la vraie direction qu'ils suivent
pendant les diverses saisons, d'indiquer nettement les parages où
s'opèrent les croisemens entre deux courans contraires, là commence le doute, et l'on doit, vu le manque d'observations directes,
chercher quelques indices qui permettent de s'approcher de la vérité par une voie détournée. Même le courant le mieux connu des
géographes et des marins, ce *gulfstream* ou « courant du golfe »
que découvrirent Ponce de Leon et Antonio de Alaminos il y a plus
de trois siècles et demi, et que Franklin étudia scientifiquement
dès l'année 1775, reste encore inexploré dans une grande partie de
son cours, et l'on ne sait pas bien comment à ses deux extrémités
s'opère le passage entre ses flots et ceux des autres courans. A la
sortie du détroit de la Floride, le *gulfstream* est nettement limité
par les côtes des îles Bahames et par les eaux froides qui lui ser-
vent de lit; aussi a-t-on pu en mesurer la largeur, la profondeur
et la vitesse, comme on l'eût fait pour une rivière continentale;
on a même tenté d'en évaluer le débit, et l'on a trouvé qu'il est
en moyenne de 33 millions de mètres cubes par seconde, c'est-
à-dire qu'il représente un volume d'eau vingt mille fois supérieur
environ à celui du Rhône ou du Rhin. Plus au nord, le courant

du golfe, déployant sa grande courbe à travers l'Atlantique boréal, s'affaiblit peu à peu en s'étalant sur une large étendue, mais il est toujours reconnaissable à la marche et à la température des eaux; grâce aux traversées qui se font chaque année par dizaines de mille dans cette partie de l'océan, il a même été possible de reconnaître les déplacemens que la nappe d'eau courante subit alternativement vers le nord et vers le sud suivant la position du soleil : ainsi que l'a dit Maury dans son langage plein d'un enthousiasme poétique pour les phénomènes de la mer, on peut voir le *gulfstream* flotter sur l'océan comme une banderole au souffle de la brise. Sur le littoral de l'Islande et de l'Écosse et jusque sur les côtes de la Laponie et du Spitzberg, où les eaux venues de la mer des Antilles apportent à la fois les débris de plantes américaines et les effluves du climat tropical, la marche du courant est parfaitement connue; mais plus loin s'étend le grand bassin polaire où le courant du sud, encore tiède, lutte pour la prépondérance à la surface de la mer contre le froid courant du nord. C'est là qu'on perd de vue le fleuve maritime, dont la vaste courbe se déploie si majestueusement des récifs de coraux des Bahames aux glaciers du Spitzberg. Il doit alors plonger sous les eaux mêlées de glaces fondues, par conséquent moins salées et plus légères, du courant qui vient à sa rencontre; mais le *gulfstream* continue-t-il son cours sous-marin dans les profondeurs jusqu'à ce qu'il soit complétement mélangé avec les masses liquides environnantes, ou bien garde-t-il son individualité et reparaît-il soudain à la surface dès qu'il se retrouve sous des couches plus pesantes?

Récemment deux éminens géographes d'Allemagne, MM. Mühry et Petermann, ont démontré, en discutant les observations des navigateurs, qu'un bras de ce courant surgit en effet du fond de la mer après avoir coulé au-dessous et en sens inverse du courant polaire durant un espace d'environ 1,000 kilomètres. Au sud de la pointe méridionale du Groënland commence un courant côtier qui suit la rive occidentale de la grande île et porte les navires jusque vers le 78e degré de latitude, à l'extrémité de la mer de Baffin. L'opinion commune des marins voulait que ce courant fût la continuation du flot polaire qui passe entre l'Islande et la côte orientale du Groënland; par un singulier phénomène, ce fleuve d'eau froide entraîné vers le foyer d'appel des mers équatoriales n'aurait point suivi directement sa route, mais, se reployant brusquement autour du cap Farewell, il aurait fait un grand circuit à l'ouest du Groënland avant de reprendre sa marche normale vers l'équateur. Un pareil détour du courant polaire serait déjà un fait inexplicable; mais ce qui en démontre l'impossibilité, c'est la tempéra-

ture élevée des eaux qui longent à l'ouest la côte groënlandaise.
En effet, jusqu'à près de 2,000 kilomètres de l'entrée, les parties
de la mer de Baffin rapprochées du Groënland ne sont jamais,
même dans les hivers les plus froids, entièrement obstruées par
les glaces. Des formidables glaciers de la baie de Melville, les plus
vastes et les plus épais que l'on connaisse dans l'hémisphère boréal, se détachent d'énormes pans, d'un volume de plusieurs milliards de mètres cubes, qui refroidissent au loin la mer dans laquelle ils plongent, et cependant l'eau maintient toujours sa
température au-dessus du point de congélation; elle reste à l'état
liquide même lorsque le mercure gèle dans les baromètres, et
l'on ne cesse d'entendre le clapotis des vagues contre les blocs flottans. Aussi les baleiniers et les explorateurs de l'archipel polaire
ne manquent-ils jamais, pour remonter vers le nord, de faire suivre
à leurs navires la route, relativement facile, qui longe la côte du
Groënland. Jusqu'à l'entrée du Smith-Sound, de ce détroit toujours rempli d'un effrayant chaos de glaces entassées, les flots du
courant riverain ne cessent de couler librement. C'est là que se
trouve le « bassin bouillonnant » des Esquimaux, où, grâce à la
douce température, surabonde la vie animale. Les baleines et les
morses s'y promènent en bandes, les méduses et autres animaux
marins y pullulent; dans le voisinage des côtes, tous les écueils sont
tapissés d'algues, de gracieuses prairies se montrent à la base des
promontoires, des myriades de papillons voltigent autour des fleurs.
Hayes, ravi par l'étonnant contraste qu'offrent ces rivages comparés
à ceux des terres voisines, en parle comme d'un « paradis. » On ne
saurait donc mettre en doute l'existence de cet émissaire du *gulfstream* qui par la douce température de ses eaux porte ainsi la vie
dans la terrible région des glaces. Les tribus d'Esquimaux qui ha-
bitent les côtes baignées par ce courant, à plusieurs centaines de
kilomètres au nord de toute autre plage habitée, jouissent même
d'une véritable abondance, et c'est aux ressources obtenues dans
ces parages que les deux grands explorateurs américains, Kane et
Hayes, doivent de n'avoir pas misérablement péri pendant leur hi-
vernage.

On le comprend, si la véritable origine d'une branche aussi importante du courant du golfe a pu rester longtemps inconnue, pré-
cisément dans une mer où se sont succédé tant de voyages scienti-
fiques de découvertes, à combien plus forte raison faut-il s'attendre
à des erreurs du même genre relativement à tous les courans des
parages moins explorés! Dans l'Atlantique boréal, les mouvemens
des eaux sont étudiés avec soin à cause de l'intérêt de premier
ordre qu'ils offrent aux navigateurs, dont ils accélèrent ou retar-

dent la marche, et pour lesquels ils peuvent être pendant les tempêtes la voie du salut ou le chemin de la mort. En outre le *gulfstream* et ses courans partiels sollicitent d'autant plus les recherches des savans qu'ils sont, après les rayons solaires, les principaux agens du climat dans l'Europe occidentale : en portant vers le nord les eaux tièdes et la douce température de la mer des Antilles, ils ramènent pour ainsi dire l'équateur vers les îles britanniques, la France et les pays voisins; c'est au flot méridional qui baigne leurs rivages que les peuples civilisés de l'Europe doivent leur climat tempéré, leur richesse agricole, et par suite une part très notable de leur puissance matérielle et morale. Les autres courans océaniques n'ont point le même intérêt pour les nations européennes; aussi leur régime ne sera-t-il longtemps encore que vaguement connu, surtout dans les parages où les vents produisent des mouvemens superficiels qui cachent la marche des eaux profondes et dans ceux où s'opère le croisement de deux courans se propageant en sens contraire. Là les observations doivent être faites avec d'autant plus de soin que les objets flottans sont fréquemment entraînés dans une direction opposée à celle du courant principal. C'est ainsi que sur les côtes des landes françaises longées du sud au nord par la branche du *gulfstream* connue sous le nom de *courant de Rennell* les épaves sont transportées dans la direction du sud par le mouvement superficiel de la houle. De même les montagnes de glace qui passent au large de Terre-Neuve, battues par les vagues courtes et pressées qui marchent au nord, n'en descendent pas moins vers le sud, sous la pression du courant polaire où elles plongent par la base.

Quant au mouvement vertical des eaux marines produit par l'ondulation régulière du flux et du reflux, il a été beaucoup plus étudié que le mouvement de translation des courans. Tandis que les astronomes rattachaient de la manière la plus précise ce phénomène de l'océan à la marche des corps célestes, les observateurs des ports mesuraient les amplitudes diurnes et calculaient le retour de la marée avec le soin le plus minutieux, bien justifié d'ailleurs par l'intérêt de la navigation. Désormais la théorie générale du flux est parfaitement connue, et sur les côtes de l'Europe et des autres contrées fréquemment visitées par les marins le va-et-vient des eaux est rigoureusement prévu; mais dans les mers lointaines que de faits secondaires, que de phénomènes locaux encore incompris! C'est que, pour suivre les marées dans leurs fluctuations à travers les mers, il ne suffit pas de connaître les lois de la gravitation et de calculer avec précision la marche et la position des astres, il faut aussi connaître tous les faits relatifs aux mouvemens des fluides et savoir appliquer à tous les phénomènes d'accélération, de retard, de croisement, d'interférence, d'équilibre, les formules les plus compliquées des hautes mathématiques; enfin, et c'est là ce qui est aujourd'hui le plus difficile, il importe de ne rien ignorer de la forme des rivages et des inégalités du fond de la mer. Chose étonnante, les savans ne sont pas même d'accord sur l'importante question de savoir où se produisent les premières ondulations de l' marée sous l'influence combinée de la lune et du soleil. D'après le physicien anglais Whewell, dont les idées ont été acceptées sans objections par la majorité des hydrographes, le vrai « berceau des marées » serait cette grande nappe continue des eaux qui recouvre presque toute la surface de l'hémisphère austral : c'est là que la masse liquide, peu d'instans après le passage de la lune au méridien, atteindrait son niveau le plus élevé, et formerait cette première oscillation régulatrice à laquelle la surface de toutes les mers obéirait ensuite de proche en proche, de même qu'une corde secouée à l'une de ses extrémités remue jusqu'à l'autre bout en vibrations rhythmiques. De ce bassin central, le mouvement se propagerait en trois grandes ondulations latérales dans le Pacifique boréal, dans l'océan des Indes, dans la vallée tortueuse de l'Atlantique; mais, par suite du retard éprouvé par la vague de marée dans le trajet de plus de 10,000 kilomètres accompli des mers antarctiques aux côtes de la Grande-Bretagne, c'est après un voyage de deux jours et demi seulement qu'elle atteindrait l'embouchure de la Tamise. Suivant la théorie de Whewell, la lune aurait donc eu le temps de soulever cinq marées consécutives dans l'Océan austral avant que le mouvement de la masse liquide se fût propagé jusqu'à l'entrée de la Mer du Nord. D'après Fitz-Roy, au contraire tout bassin océanique nettement limité est le berceau de ses propres marées. L'ondulation commencerait au centre de chaque mer pour se propager vers les rivages environnans comme une grande ride circulaire au diamètre incessamment élargi. Les marées de nos côtes ne seraient donc point celles qui ont pris naissance dans la Mer du Sud. Ce qui confirme cette idée, c'est que les divers océans sont séparés les uns des autres par des espaces où la marée régulière est à peine sensible. Ainsi entre l'Atlantique boréal et l'Atlantique austral il existe une large zone où le flux ne change guère le niveau maritime de plus de 60 à 90 centimètres. Enfin, d'après la théorie de Whewell, c'est du sud au nord que devrait se propager le flot sur les côtes de la république argentine et du Brésil, tandis qu'au contraire le mouvement se porte du nord au sud, de Pernambuco à l'estuaire de la Plata. Il semble donc très probable que chaque grand bassin de l'Océan a ses marées spéciales, comme en ont certaines parties de la Méditerranée et le lac Michigan lui-même. Cependant, avant de se prononcer d'une manière définitive, il faut attendre que les divers phénomènes du flux et du reflux aient été observés avec soin sur tous les rivages de la mer.

III.

L'agent qui travaille le plus activement à la modification des roches du fond de la mer et par conséquent au renouvellement de la surface terrestre, c'est la vie animale. Les testacés, les innombrables animalcules à carapace calcaire ou siliceuse qui vivent dans l'océan sont sans cesse à l'œuvre pour consommer et produire. Ils absorbent les molécules terreuses que les fleuves apportent à la mer, les décomposent chimiquement dans leurs organismes et sécrètent les substances dont ils forment leur squelette ou leur étui. A mesure que ces tourbillons vivans cessent de s'agiter, leurs débris s'entassent au fond de la mer ou sur les plages, et finissent par y former des bancs immenses, des plateaux sous-marins qu'un soulèvement produira plus tard au grand jour. Dans les mers tropicales, les zoophytes, enracinés dans les roches composées des restes de générations antérieures, s'acharnent sans relâche à bâtir des îles, à jeter les assises de continens futurs. Ainsi la mer, par les myriades et les myriades d'animaux qui la peuplent, ne cesse de modifier la forme de son bassin; mais, par la seule action de ses vagues, elle travaille aussi d'une manière constante à remanier les contours de ses rivages. Ici les flots sapent et renversent lentement une péninsule, ailleurs ils construisent des plages. Aux anciennes roches démolies par les brisans succèdent des roches nouvelles différant des premières par l'ordonnance et l'aspect. Déjà depuis les siècles historiques bien des côtes ont tout à fait changé. Des promontoires ont été rasés, tandis qu'ailleurs des pointes se sont avancées dans la mer; des îles se sont transformées en écueils, d'autres sont englouties, et l'on ne sait plus même où elles s'élevaient au-dessus des flots, d'autres encore sont rattachées au continent. La ligne pierreuse du rivage ne cesse d'osciller, empiétant ici sur l'océan, plus loin sur les surfaces continentales. Tout ce que les eaux engloutissent d'un côté, elles le rendent ailleurs sous une autre forme. Les hautes falaises de granit qu'assiégeaient les lames deviennent ces hauts-fonds de sable qui développent leurs courbes gracieuses à l'entrée des golfes et des estuaires.

A la vue des grands travaux géologiques accomplis par le choc des vagues sur le littoral des diverses parties du monde, les savans se sont fréquemment demandé quelle est la part de la mer dans la formation des îles. Parmi ces terres qui parsèment la surface de l'océan, les unes disposées en groupes ou en séries, les autres complétement solitaires, comment distinguer celles que la mer a détachées des continens et celles qui de tout temps ont existé d'une manière isolée comme des mondes à part? Est-il même possible, dans l'état actuel de la science, de tenter une classification des îles suivant leur origine? C'est là, il est vrai, une œuvre qui n'avait point encore été entreprise; mais, en appelant à son aide les ressources nouvelles que la botanique et la zoologie offrent à la géographie physique, M. Oscar Peschel n'a point reculé devant ce problème, et nous croyons qu'il l'a heureusement résolu. L'éminent professeur, avec qui nous avons eu récemment le bonheur de nous rencontrer dans une explication des remarquables découpures du littoral de Scandinavie (1), affirme que l'on peut désormais indiquer avec certitude le mode de formation de chaque terre océanique, et les preuves qu'il donne à l'appui de sa théorie ne sauraient manquer de faire partager ses convictions à cet égard.

D'abord il est évident que les îles, les îlots et les écueils rocheux situés dans le voisinage immédiat des côtes sont une dépendance naturelle des continens et en font géologiquement partie. A la base des hautes montagnes qui projettent au loin dans la mer des caps avancés, semblables aux racines d'un chêne, on peut en maint endroit voir, pour ainsi dire, se continuer sous la surface de l'océan la crête des chaînons latéraux. Le profil des hauteurs continentales s'abaisse par degrés : aux monts succèdent les collines, puis vient le promontoire de rochers dont les escarpemens plongent sous la nappe unie des eaux. Un faible détroit, simple échancrure où se rencontrent les vagues, sépare le cap d'une île moins élevée; mais plus loin s'ouvre un large canal, et la cime qui se montre à la surface de l'autre côté de la vallée sous-marine n'est plus qu'une aiguille de rocher. Au-delà s'étend la haute mer, où les écueils submergés, s'il en existe encore, ne se révèlent que par l'écume des brisans. Sur toutes les côtes abruptes, ces îlots appartenant à l'architecture primitive du continent sont fort nombreux, et même en certains parages forment de véritables archipels. La Norvége, l'Écosse occidentale, le Groënland, la Patagonie chilienne et toutes les contrées où les fiords changent le littoral en un immense labyrinthe sont ainsi bordés d'îles innombrables ayant également leurs découpures, leurs détroits, leurs ceintures d'îlots. C'est que, depuis la retraite relativement récente des glaciers qui remplissaient tout

____

(1) Voyez, dans la *Revue* du 1er mars 1867, l'étude sur *les Fiords et les Glaciers*.

l'espace compris entre les cirques des plateaux neigeux et les promontoires extérieurs, le relief primitif n'a que faiblement changé; les alluvions terrestres apportées par les torrens n'ont comblé qu'un petit nombre de vallées, et les bases des îles et des caps, plongeant trop profondément sous les eaux, n'ont pu servir de point d'appui à des alluvions marines semblables à celles qui s'étendent sur les côtes basses. Les rocs isolés, que les glaces entouraient jadis comme elles entourent aujourd'hui le « jardin » du Mont-Blanc, se dressent maintenant au milieu des eaux, mais ils n'en sont pas moins des saillies du relief continental; sur des côtes plus basses, où le jeu des alluvions marines peut facilement s'accomplir, ils seraient depuis longtemps déjà rattachés à la terre ferme.

Parmi les îles qui doivent être considérées comme de simples dépendances des grandes terres voisines, il faut aussi ranger non-seulement celles qu'ont élevées des alluvions marines ou fluviales, mais également celles qui sont dues soit au soulèvement, soit à l'affaissement graduel du sol. Ainsi la chaîne de dunes insulaires qui défend le littoral de la Frise et de la Hollande contre les assauts de la Mer du Nord, de Wangerooge au Texel, est bien certainement un reste de l'antique littoral, et c'est elle encore, bien mieux que les rivages à demi noyés du Dollart et du Zuyderzée, qui marque la véritable limite entre la terre et les mers. Par un phénomène inverse, les côtes de la péninsule scandinave, qui s'exhaussent lentement au-dessus des flots, se sont enrichies d'îles nouvelles pendant le cours de l'époque géologique actuelle. Dans le dédale des fiords norvégiens, dans les Lofoden, dans l'archipel de Quarken, des écueils cachés sont devenus des roches visibles, puis des îles étendues où les algues ont été peu à peu remplacées par la flore terrestre. Tandis que le continent empiétait sur la mer, les îlots surgissaient çà et là et s'étalaient au loin sur les eaux comme les feuilles de quelque plante gigantesque. Les roches insulaires montent lentement du fond de l'océan, soulevées par la même force qui redresse le continent voisin. D'ailleurs pareil phénomène ne s'est pas accompli seulement sur les côtes de la Scandinavie. Peut-être même la grande île d'Anticosti, qui s'étend dans le golfe Saint-Laurent sur une longueur de plus de 200 kilomètres, est-elle une de ces terres lentement exhaussées, car, d'après le témoignage de Henry Yule, on ne verrait dans les vallons granitiques de ses collines ni serpens ni batraciens comme sur les côtes voisines du Labrador et du Canada. S'il en est vraiment ainsi, on ne pourrait guère admettre qu'Anticosti ait jamais été en communication avec le continent d'Amérique : elle a dû surgir des eaux comme les îlots du littoral scandinave.

Les choses se sont passées différemment pour la Grande-Bretagne et la plupart des îles qui frangent le pourtour des masses continentales. Il est certain que l'Angleterre faisait autrefois partie de l'Europe : c'est là ce que prouve la concordance parfaite des terrains de l'un à l'autre rivage du Pas-de-Calais. Le détroit, simple fossé maritime d'une vingtaine de mètres de profondeur, est une brèche entre deux golfes que les météores, les vagues de tempête et les courans de marée ont graduellement creusée et qu'ils ne cessent d'élargir encore. Depuis l'époque romaine, les eaux ont gagné plus de 6 kilomètres sur les côtes orientales du comté de Kent; dans leurs envahissemens successifs, elles ont englouti les vastes domaines du comte saxon Goodwin, que remplacent maintenant de redoutables bancs de sable, puis elles ont transformé en une grande rade ouverte l'étroite lagune des Downs. Chaque année, les fermiers anglais du littoral perdent environ 1 mètre de terrain, tandis que, du côté de la France, la falaise de Gris-Nez recule en moyenne de 25 mètres par siècle. Si durant les âges antérieurs le travail d'érosion s'était accompli dans les mêmes proportions, on pourrait calculer, à quelques siècles près, l'époque précise à laquelle l'isthme de jonction entre l'Angleterre et le continent a été rompu par la pression des flots. De la même manière, l'Irlande a été séparée de la Grande-Bretagne pendant la période géologique actuelle, et sur le pourtour de ces deux îles principales nombre de fragmens secondaires, Wight, Anglesey, les Sorlingues, se sont également isolés au milieu des flots. Si la mer qui baigne les côtes occidentales de l'Europe s'abaissait tout à coup de 200 mètres, on verrait surgir des eaux la puissante masse du plateau sous-marin qu'entourent au nord et à l'ouest les profonds abîmes de l'Atlantique boréal, et qui sert de piédestal commun à la France et aux îles britanniques. Les contours de ce plateau indiquent sans doute l'ancien rivage du continent; ces terres submergées sont, pour ainsi dire, les fondemens de l'édifice disparu. D'ailleurs la faune et la flore de la Grande-Bretagne étant strictement européennes, on ne saurait douter de la continuité qu'avaient autrefois les terres dans cette direction. Tous les animaux, toutes les plantes sauvages des deux grandes îles sont des colons venus du monde voisin; pas une seule espèce n'appartient en propre, comme production spontanée, au sol d'Érin ou d'Albion. Seulement l'Angleterre est moins riche que la France en êtres organisés, et l'Irlande de son côté est peuplée de moins d'espèces que la grande île dont elle s'est détachée. Ce sont là des faits très faciles à comprendre : plus une terre est petite, moins elle peut offrir de variété dans sa population d'animaux et de plantes, et parmi les espèces celles qui ne sont pas assez fortes pour maintenir isolément leur terrain dans la grande bataille de la vie, et qui ne sont point soutenues par des renforts venus du continent, doivent nécessairement diminuer, puis disparaître. Tel est le vrai sens de la légende qui nous montre saint Patrick saisissant les reptiles de l'Irlande et les précipitant dans la mer. N'a-t-on pas vu, il y a deux siècles à peine, disparaître les loups qui parcouraient les forêts anglaises, et pareille extermination ne serait-elle pas depuis longtemps accomplie en plusieurs contrées de l'Europe continentale, si ces régions se trouvaient isolées des grandes forêts et des montagnes par une infranchissable barrière?

Une multitude d'îles situées comme l'Angleterre et l'Irlande dans le voisinage des continens sont aussi de simples fragmens que les vagues, aidées peut-être par l'affaissement graduel du terrain, ont détachés des rivages de la grande terre. Le magnifique archipel de la Sonde, les Moluques et les îles voisines de l'Australie offrent le plus remarquable exemple de ce morcellement des masses continentales. Un canal d'une trentaine de kilomètres de largeur et d'une profondeur de plus de 200 mètres passe entre les deux grandes îles de Bornéo et de Célèbes, et, se continuant dans la direction du sud, va séparer les deux terres volcaniques, très rapprochées l'une de l'autre, de Bali et de Lombok. Ce canal est l'ancien détroit qui servait de limite commune à l'Asie et au continent austral. A l'ouest, Java, Bornéo, Sumatra, la péninsule de Malaisie, le Cambodge, reposent sur un plateau sous-marin qui s'étend à 60 mètres à peine au-dessous de la surface des eaux; à l'est, Sumbava, Florès, Timor, les Moluques, la Nouvelle-Guinée, l'Australie, se trouvent également sur une sorte de piédestal qui s'est graduellement affaissé, et sur lequel les zoophytes construisent çà et là de longues barrières d'écueils. Ainsi que le naturaliste Wallace l'a démontré par ses recherches dans l'archipel indien, toutes les espèces, plantes et animaux, diffèrent complétement de chaque côté du canal de séparation : faune et flore sont asiatiques à l'ouest, tandis qu'à l'est elles présentent le type australien; même les oiseaux, pour lesquels un détroit de quelques lieues de largeur semble pourtant un bien faible obstacle, diffèrent nettement dans chacun des deux groupes d'îles. Les espèces du monde asiatique, appartenant au plus vaste des continens, à celui qui présente la plus grande diversité de hauteurs et de climats, sont aussi de beaucoup les plus nombreuses et les plus variées : ce sont des espèces modernes. Les animaux et les végétaux du groupe australien ont au contraire une physionomie des plus antiques, comme si les anciens types, graduellement renouvelés dans le vaste et tumultueux continent d'Asie, s'étaient maintenus sans changement dans le petit monde australien délaissé au milieu des mers. C'est en effet là ce qui a dû arriver. L'Australie de nos jours présente dans sa faune et dans sa flore la plus grande analogie avec les animaux et les plantes qui vivaient dans les mers du Jura d'Europe et sur leurs rivages. A la vue des kanguroos australiens, qui rappellent les marsupiaux fossiles, et de cet étrange ornithorhynque, non moins bizarre que l'ancien ptérodactyle, moitié oiseau, moitié batracien, on ne peut s'empêcher de croire que l'Australie se rattachait au grand continent boréal pendant l'époque jurassique. C'est sur les côtes de la Nouvelle-Hollande, rappelle le géologue Marcou, que l'on retrouve aujourd'hui les seuls représentans vivans de ces *trigonies* qui peuplaient jadis les mers du Jura.

Ainsi le groupe des îles australiennes, aussi bien que l'archipel distinct formé par les îles de la Sonde, serait composé de terres ayant appartenu au continent à des époques plus ou moins éloignées de nous. On peut en dire autant des îles de la mer Égée, de celles du Danemark et de la plupart des terres qu'entourent des eaux peu profondes dans le voisinage des côtes. Dans le Nouveau-Monde, les régions situées aux deux extrémités du double continent, l'archipel polaire et le dédale des îles magellaniques, sont également sans nul doute des fragmens découpés par d'innombrables canaux de formation récente. Quant aux grandes îles de la Méditerranée, Chypre, la Crète, la Sicile, la Sardaigne, la Corse, les Baléares, elles sont aussi très probablement les restes de contrées plus étendues qui se rattachaient à ces parties du monde qui sont aujourd'hui l'Asie, l'Europe et l'Afrique, — car bien que ces terres, à l'exception de la Sicile, surgissent toutes du fond d'abîmes ayant en moyenne de 1,000 à 2,000 mètres de profondeur, cependant les espèces fossiles et vivantes des îles méditerranéennes ne diffèrent point de celles des continens voisins, et c'est là par conséquent qu'il faut en chercher l'origine. Au point de vue géologique, on peut même dire que toutes les côtes du bassin occidental de la Méditerranée, l'Espagne, la Provence, la péninsule italique, Tunis, l'Algérie, le Maroc, forment avec les îles voisines un ensemble bien plus nettement déterminé que ne l'est, par exemple, l'Europe actuelle, du détroit de Gibraltar aux bords de la Caspienne : en dépit des gouffres qui les séparent, les terres situées en face l'une de l'autre des deux côtés de la mer ont gardé une physionomie semblable dans les terrains, la flore et la faune.

Les îles d'origine continentale que l'on peut désigner comme d'antiques dépendances soit de l'ancien monde, soit du nouveau, sont donc très nombreuses, et couvrent en superficie un espace beaucoup plus considérable que les autres terres océaniques. En outre il existe au milieu de la mer d'autres massifs insulaires où les géologues voient aussi les débris de vastes terres continentales, mais qu'ils ne sauraient sans témérité considérer comme ayant appartenu à l'une des grandes parties du monde émergées pendant la période actuelle. Ainsi Madagascar, pourtant assez rapprochée de l'Afrique, semble une sorte de monde à part, ayant une faune et une flore qui lui appartiennent en propre et possédant même des familles entières, notamment de serpens et de singes, qui n'ont pas d'autres représentans dans le monde. De même, chose étrange, l'île de Ceylan, à demi réunie à l'Hindoustan par les écueils, les îlots et les bancs de sable du Pont-de-Rama, diffère beaucoup de la péninsule voisine par la physionomie générale de ses animaux et de ses plantes, et l'on peut se demander si, au lieu de se rattacher à l'Asie, elle n'est pas au contraire le mince débris d'un ancien continent qui s'étendait à la place de l'Océan indien, et comprenait Madagascar, les Seychelles et d'autres îles maintenant presque imperceptibles sur la carte.

Parmi ces témoins de mondes disparus, nous croyons qu'il faut ranger aussi la plupart des Antilles et la Nouvelle-Zélande. M. Oscar Peschel se borne à les mettre au nombre des îles très anciennes, tout en admettant comme probable qu'elles ont fait partie, les unes de l'Amérique, l'autre du continent australien. Néanmoins le voisinage des côtes ne doit point suffire pour faire admettre l'existence d'anciens isthmes de jonction. Les grandes Antilles présentent avec les terres voisines de l'Amérique du Nord un contraste bien plus frappant encore que celui de Ceylan et de la péninsule du Gange. Par le relief et la nature des assises géologiques, Cuba, Haïti, la Jamaïque, ne ressemblent aucunement aux terres basses du littoral américain situé de l'autre côté du golfe; leurs espèces végétales et animales diffèrent notablement de celles du continent voisin, bien que les vents, les courans, les oiseaux voyageurs et enfin les hommes aient collaboré depuis un nombre inconnu de siècles à porter de l'un à l'autre bord les animaux et les plantes. A l'époque de la découverte des Antilles, il y a bientôt quatre siècles, les seuls mammifères indigènes, à l'exception des chauves-souris, qui peuvent voler au-dessus des détroits, étaient quatre ou cinq espèces de rongeurs, dont une encore vivante de nos jours. Quant à la Nouvelle-Zélande, c'est un monde à part, dont la faune et la flore ont un caractère essentiellement original. Ses fossiles ne ressemblent ni à ceux de l'Australie, ni à ceux de l'Amérique du Sud. Les espèces vivantes se distinguent par leur physionomie générale de celles de tous les continens. Nulle part on ne trouve un aussi grand nombre de familles végétales relativement aux genres et aux espèces; nulle part on ne voit une aussi forte proportion d'arbres et d'arbustes, comparés aux plantes annuelles; nulle part les cryptogames n'offrent une pareille variété de formes. Les prairies manquent, mais en revanche les fougères poussent en immenses forêts. Par la série de ses animaux aussi bien que par celle de ses végétaux, la Nouvelle-Zélande ne ressemble à aucune autre terre. Elle ne nourrit point de bêtes de proie, de même qu'elle ne donne point naissance à des plantes vénéneuses. Elle n'a d'autres mammifères indigènes que deux chauves-souris, un rat, introduit peut-être par les navires, une sorte de loutre, et un animal sauteur dont on n'a vu que les traces. Enfin les deux îles se distinguent par leurs remarquables espèces d'oiseaux aptères, plus nombreuses que celles de tout le reste du monde. Ces faits justifient l'opinion de Hochstetter, qui voit dans la Nouvelle-Zélande et dans l'île voisine de Norfolk les fragmens d'un continent isolé depuis l'antiquité géologique la plus reculée. Tandis que la Grande-Bretagne peut être considérée comme le type des îles à peines séparées du continent voisin, sa belle colonie des antipodes représente au contraire un ancien monde graduellement réduit par les érosions de la mer et les affaissemens aux dimensions d'un simple groupe insulaire.

En dehors de ces débris de masses continentales antiques ou modernes, toutes les saillies qui se montrent au-dessus du niveau de l'océan sont des îles bâties par les zoophytes ou des volcans rejetés du fond des mers; telle est sans exception l'une ou l'autre origine des terres émergées. Les caractères distinctifs de ces deux espèces d'îles sont connus de tous. Ainsi que Darwin l'a démontre par les admirables recherches faites à bord de l'*Adventure*, les récifs de construction madréporique peuvent servir d'indicateurs pour révéler les oscillations du fond de la mer. Les bâtisseurs qui travaillent par myriades à l'élévation de ces roches vivent seulement dans les couches superficielles des eaux, et cependant des multitudes d'îles érigées par eux surgissent d'abîmes océaniques de plusieurs centaines ou même de plusieurs milliers de mètres de profondeur. Il faut donc en inférer que le sol sur lequel reposent ces édifices s'est affaissé graduellement; les fondations descendent, mais en même temps les animalcules ne cessent d'exhausser le faîte et le maintiennent toujours au niveau de la surface de l'océan. C'est ainsi que se forment sur les hauteurs sous-marines de continens engloutis ces étranges *atolls*, à l'architecture d'une si merveilleuse régularité. Semblables à des ceintures de fleurs posées sur les eaux, les blancs récifs rayés de rose et d'autres couleurs vives, ombragés d'arbustes que domine çà et là le feuillage épanoui des cocotiers,

étendent autour d'une lagune tranquille leur gracieux ovale assiégé
par les brisans de la haute mer. Rarement ces îles annulaires sont
complétement isolées dans l'océan ; elles se groupent au contraire
en multitudes, et, comparables aux nébuleuses du ciel, parsèment
de leurs amas la surface bleue du Pacifique et de la mer des Indes.
Dans les Maldives, le groupe entier n'est pas moins régulièrement
formé que chaque récif. Les divers anneaux sont disposés en un
cercle allongé de manière à constituer un atoll de gigantesques dimensions, et l'archipel lui-même, pris dans son ensemble, est un
immense ovale de plus de 1,100 kilomètres de longueur, comprenant dix-sept ovales secondaires et ne renfermant pas moins de
12,000 atolls à lagunes, sans compter les écueils. Ne dirait-on pas
qu'en ces parages l'ancien continent qui sombre se révèle encore
par une sorte de végétation rocheuse dont chaque feuille est un
de ces anneaux de corail étalés sur la mer?

Le contraste est grand entre les atolls et les îles formées de laves
entassées. Les simples cônes d'éjection encore actifs, comme le
Stromboli, ou bien éteints depuis longtemps comme la plupart des
autres îles éoliennes, Salina, Alicudi, Felicudi, dressent superbe-
ment hors des flots leurs pentes régulièrement inclinées en talus, et
doivent à la simplicité de leur profil une admirable majesté. Bien
plus grandioses encore sont les monts aux nombreux cratères latéraux, comme le pic de Ténériffe, le Mauna-Roa, dont les cimes bleues
rayonnent dans le ciel au-dessus des nuages et de la foule des pics
secondaires. Des périodes d'une longueur prodigieuse ont dû s'é-
couler depuis le jour où les scories de ces volcans se montrèrent
pour la première fois au-dessus de la surface marine ; mais, relativement à presque toutes les autres terres, on peut les dire jeunes,
et le petit nombre d'espèces observées sur les îles volcaniques non
colonisées par l'homme prouve qu'elles sont en effet d'origine moderne. Comme les atolls, elles affectent dans leur disposition générale une grande régularité. Elles s'élèvent ordinairement dans le
voisinage des côtes continentales et de manière à former des ran-
gées en arc de cercle dont la convexité est tournée vers la haute
mer : les îles du Japon, les Kouriles, les Aléoutiennes, sont les
exemples les plus remarquables de cette disposition des volcans
maritimes.

Comparées aux terres d'origine continentale, les corps vraiment
insulaires formés de lave ou bâtis par les coraux ont une étendue
relativement bien faible. Il semble donc que d'après l'ordonnance
générale du globe la séparation devait être primitivement beaucoup
plus tranchée entre la mer et les espaces soulevés au-dessus de
l'eau. D'un côté de grandes terres continues, de l'autre des océans

déserts, telle paraît avoir été la distribution naturelle; mais l'incessant travail qui s'accomplit sur notre planète, comme sur tous les astres du ciel, a modifié à l'infini la forme des reliefs continentaux et des cavités qui les séparent. De même que, par les pluies et les neiges qu'elle a envoyées, la mer a parsemé de lacs les régions émergées et tracé les innombrables vallées des eaux courantes, de même les terres ont donné à l'océan ces myriades d'îles et d'îlots qui en varient si gracieusement la surface. Les alluvions des fleuves, la puissance érosive des vagues, les forces intérieures qui soulèvent ou dépriment lentement de vastes contrées et font jaillir brusquement des cônes de lave, enfin les innombrables organismes qui mettent en œuvre les substances contenues dans l'eau marine, tous ces agens géologiques ont travaillé de concert à égrener çà et là des îles de formes et de grandeurs diverses, les unes en amas, les autres en petits groupes ou même complétement isolées. Ensuite les vents, les pluies, les trombes et autres météores de l'atmosphère, les courans océaniques, le flux et le reflux, les ondulations des vagues, tout ce qui se meut et tout ce qui flotte dans les eaux et dans les airs, — oiseaux et poissons, algues et bois de dérive, écume et poussière, — n'a cessé d'agir directement ou indirectement pour introduire la vie dans ces îles, les peupler d'espèces animales et végétales, pour en faire le séjour de tribus heureuses. C'est à ces îles, Madère, les Canaries, les Antilles, Java, Taïti et tant d'autres « perles de la mer, » que la surface de la planète doit ses traits les plus gracieux; c'est à ces terres éparses que les peuples doivent aussi en grande partie leur civilisation. Ainsi que Ritter aimait à le répéter, il serait difficile de s'imaginer combien le cours de l'histoire eût été changé, si les îles de la Grèce, la Sicile, la Grande-Bretagne, avaient manqué à l'Europe. Que les nations âryennes eussent été privées de ces sortes de citadelles où elles ont pu se retrancher pour ainsi dire et mettre en sûreté le trésor de leurs conquêtes intellectuelles et morales, et certainement elles n'auraient point réalisé les progrès qui ont fait le monde moderne. Immergées dans l'antique barbarie, elles seraient restées étrangères les unes aux autres; la terre, si petite pourtant, n'aurait point été reconnue dans toute sa rondeur, et l'humanité n'aurait pas encore conscience d'elle-même.

ÉLISÉE RECLUS.

9 782016 156186